JN440809

오늘의문학시인선 372

추억 여행

노태웅 시집

오늘의문학사

국립중앙도서관 출판시도서목록(CIP)

추억 여행 : 노태웅 시집 / 지은이: 노태웅. -- 대전 : 오늘의문학사, 2016
p. ; cm. -- (오늘의문학시인선 ; 372)

ISBN 978-89-5669-752-9 03810 : ₩9000

한국 현대시[韓國現代詩]

811.7-KDC6
895.715-DDC23 CIP2016012363

추억 여행

‖ 시인의 말 ‖

한 톨의 씨앗을 키우려고
텅 빈 들판에 서 있었습니다.
비가 오고 눈이 내리고
해와 달이 그렇게 지나갔습니다.

그래도 가끔 내 텃밭에 먹이 찾는
새 한 마리 날아와
허수아비 모자 위에 앉아
씨앗이 자라는 것을 보며
먼산 바라기를 하고 있었습니다.

어느 날
논밭에 흩어진 이삭을 거두어
허기진 배를 채우고
한권의 시집을 마련했습니다.

작은 시집 탄생을 위해
힘 모아주신 여러분 감사합니다.

2016년 5월
노 태 웅

추억 여행

차례

2부 그런 거야

3부 입소문

제1부

추억 여행

등잔불을 켜고 싶은 밤

오늘은 왠지 밝은 불빛이 싫다
토담집 따스한 온기가 그리운 밤이다
좁은 골방에서 떨어진 양말 꿰매며
문풍지 떠는 틈새바람 손수건으로 막아 주던
고운 손길 보고 싶어 오늘 밤은 왠지
등잔불을 켜고 싶은 밤이다
어두운 등잔불 아래서
구하기 어려운 옛날 얘기책 구해
큰 소리로 읽어주던
그때 그 목소리가 그리운 밤이다

눈썹을 그을려 놓고 거울을 들여다보며
겁에 질려 떨던 그 커다란 눈망울이
너무나 보고 싶은 밤이다

잠자던 친구에게 불침 놓고 도망 다니던
개구쟁이 시절이 어쩌면 등잔불을 밝히고
꺼져가는 불빛 심지 돋우면
그날을 밝히는 빛 살아날 것 같아
등잔불을 켜고 싶은 밤이다.

– 문학사랑 87호, 한국공간시인협회 대표시선17집

찻잔 속의 겨울꽃

그 자리에 그렇게 있다
가을의 예쁜 꽃망울 매달고
힘겨운 겨울의 가슴에 안겨 있다
투박한 화분 속에서
추위의 한계점을 넘나들고 있었다
벌 나비 춤추던 꽃에는
흰 눈이 소복이 쌓여 있다

사람 손에 꺾인 마른 꽃 몇 송이
자신의 몸을 뜨거운 물에 적시며
엄동의 찻잔에 향기를 피운다
따스한 창가에 앉아 차를 마신다
찻잔 속에 피어 있는 겨울꽃
어제를 이야기하며 추억을 꺼내본다
가슴속에 묻어둔 묵은 이야기가
삶의 향기처럼 피어난다

꽃향 담긴 잔에는 봄부터 겨울까지
일 년의 긴 하늘이 담겨 있다.

– 한국문학시대 35호

추억 여행

바람이 실어오는 낙엽 소리
밭고랑 흩어진 고구마 덩굴 사이로
정情 익는 계절이 오면
나는 길 떠나고픈 철새가 된다
이왕 가는 길이라면
세월에 쌓인 뿌연 먼지 날리는
신작로였으면 좋겠다
덜거덕거리는 버스를 타고
몸 서로 비비며 달려가고 싶다
그곳에 가면 아궁이 짚불은 타고
군고구마 냄새 폴폴 단내 풍기면
길 지나던 친구들 모였으면 좋겠다

지금은 숨차도록 달려가도
소중한 사람들 만날 수 없지만
달빛 차가운 밤이면
도심 속 골목을 누비는 소리
군고구마 사세요, 군고구마 사세요~
가슴 적시는 정겨운 그 소리
어린 추억이 묻어난다.

– 대전문학 42호, 한국문학방송(가슴에 품은 태양)

마당 한옆 작은 텃밭

텃밭에는 언제나 새싹이 있다
희망으로 가득한 기대가 있다

때로는 고추의 매운맛도 있고
딸기처럼 향기로운 맛도 있다
텃밭에는 나눔의 정도 있다

입안 가득히 풍기는 향기
그곳에는 흙냄새가 있다
거름 냄새 풍기는 인정이 있다
어머니의 얼굴이 있다

마당 한옆 작은 텃밭에는
잊지 못할 추억도 숨어 있다
희망의 새싹이 언제나 자라고 있다

– 문학사랑 103호

과음

초저녁부터 술을 퍼마셨다
막걸리. 소주. 맥주.
목마름을 달래는 알싸한 향기가
허연 입김으로 사라지는 샘물이다

불빛 밝은 거리에서 외줄에 매달려
흔들거리는 세상을 바라본다
희미하게 눈뜬 멈춰진 시간
지금은 커다란 산울림의 고요다
나는 끊어진 팬티 끈 휘어잡고
굴렁쇠 돌리는 떠돌이별이 되어
혼을 빼앗기고 어두운 밤길을 달렸다
그래서인가 가물대는 어제의 일을 모른다
모두 거짓이라고 한다
지난 일을 기억하지 못하는 것을

정다운 친구와 꼭 잡은 손 언제 놓았나
어렴풋이 떠오르는 생각
내가 나를 찾는 후회의 한 토막이다.

– 월간 한울문학 48호

보릿고개

옛날 보릿고개 넘을 때
부끄러운 헛기침으로
아궁이에 불을 지피고
굵은 눈물 한 방울 떨구던
우리의 어머니가 있었습니다

옛날 보릿고개 넘을 때
아픈 사연 숨기려고
청솔가지 아궁이에 밀어 넣으며
밥은 굶어도 표 내지 않으려고
이른 새벽 뿌연 연기 날리던
자존심 강한
우리의 어머니가 있었습니다

옛날 보릿고개 넘을 때
이웃집 솥뚜껑 슬쩍 밀어보고
꽁보리밥 한 냄비 몰래 넣어주며
어려움 함께 나누던
인정 넘치는
우리의 어머니가 있었습니다

굴뚝에 연기 날리지 않는 요즈음
오늘의 보릿고개 넘을 때
두 팔 걷어붙이고 사랑과 나눔으로
도시락 배달하며 자원봉사 하는
인정과 사랑 넘치는 마음으로
보릿고개 넘겨주는 웃음 가득한
우리의 어머니가 있습니다.

- Asia 서석문학 11호
- 당당뉴스, 2012.10.28.

여름밤의 추억

돌돌 말린 멍석 텃마당에 깔아 놓고
쑥향 번지는 모깃불 피어오르면
우물 속의 수박 한 덩이
나누어 먹던 그때는
무수한 별들도 우물 속에 잠겨 있었다

샘물로 등목하던 깊은 밤
작은 돌 손에 깔고 바닥에 엎드리면
등을 타고 흐르는 물 한 바가지에
한기寒氣가 돈다
그때가 그리운 것은 등 밀어주는
정겨운 손길이 있어서일까?

둥근달 내민 고개가
구름 속에 숨어들 때
여인들의 수다 속에 여름은 가고 있다.

- 문예춘추 13호
- 한국공간시인협회 대표시선 18집
- 전주교통방송, 낭만 에세이(2011.7.19)

연기 나는 집

어느 계절이면 어떠랴
오늘은 진공상태다
삶의 매듭 속을 채워야 한다

가끔은 두 눈 감아야 보이는 곳
묵은 세월 속으로 돌아갈 수 없는
문득문득 생각나는 고향 집
흐린 날이면
온통 집안이 뿌연 연기로 뒤덮인
그 집이 그립다

청솔가지 연기 속에 눈물을 흘리며
고단했던 시간이 흐르는 밤
가슴속 깊이 자리 잡고 있는
어린 시절은 빈 마음속에 퍼 담고
나는 할 일 없는
길가의 나그네가 되어
혼탁한 매연 속을 걷고 있다.

- 대전문학 65호

이제는 안 속는다

이제는 허수아비로는 안 속는다
먹물로 수염 그려놓고
빨강 도깨비 형상을 했어도
움직이지 않는 눈 때문에
이제는 허수아비에게는 안 속는다

깡통을 흔들고 총소리 내며
고무장갑 낀 손 흔들어도
이제는 안 속는다
외다리로 버티는 너는
허수아비인 것을 아니까
네 속을 내가 아니까
이제는 안 속는다.
선잠 깬 참새도 속아 주질 않는다

믿고 싶은데 믿어야 하는데
세상을 속이는 사람들
그래서 이제는 안 속는다
시간이 지나면 속이 드러나는 걸.

– 옥로문학 24호

고추잠자리

파란 하늘 휘감고 오는 고추잠자리
조용히,
아주 조용히
씨앗이 영그는 날
빨간 날갯짓으로 가을을 유혹한다.

코스모스 붉은 볼을 비비며
모닥불 피워 별을 만드는 밤
외로움에 젖어
길섶 풀잎에 매달렸던
검불같이 가벼운 몸을
새벽이슬 따라가며
강가에 붉은 해를 띄우고
늘 푸른 하늘을 날고 있다.

- 한국문학시대 23호
- 한국육필문예보존회 타임캡슐〈지하 진공저장 2115.4.25 개봉예정 〉

돌담

수억 겁의 세월을 돌아
멋대로 생긴 돌로 태어나
내 집 초가를 지켜주던 돌담
때로는 장마 때
묵은 나이를 견디지 못해
우르르 무너져 내리고
어느 때는 개구쟁이들 담에 올라
붉은 홍시 따려다 큰 상처를 입혀도
피멍 몇 군데 남기고 제자리로 돌아와
무겁고 듬직한 모습을 보이던 돌담

덩굴장미가 온몸 받쳐 사랑해도
힐끔 눈웃음 던지며
호박꽃만을 사랑했던
그 옛날 내 집을 둘러싼 돌담
세월의 흐름 따라 모두 변한 그 자리
지금은 마음속 돌담으로 남아
나를 지키고 있다.

– 남한강문학 10호

손금

태어날 때부터
빈손의 공간이었다

움켜쥔 삶의 길
한 뜸 한 뜸 햇살을 엮으며
프리즘의 무지개를 그리는 몸부림이다

앞날의 기다림 속에서
빨주노초파남보
일곱 줄 운명의 금을 긋고
덮어주고 다독거리는
숨겨진 손금의 비밀열쇠
오늘을 열어보는
실구름 한 뼘이다.

– 대전문학 43호

이제는 버려야 할 때다

이제는 버려야 할 때다
어둠의 절벽에 빠져 헤매는
보이지 않는 나만의 이기심
미련과 욕심. 질투
괴로운 자존심도 버려야 한다
버리고 버린다 해도
허영에 들뜬 마음
내 마음에 숨겨져 있다

이제는 버려야 할 때다
세월 따라가는 나이도 버려야 한다
힘들어 있는 두 주먹도 펴고
버리지 못해 감추었던 모든 것
힘 있을 때 버려야 한다.

그래야 몸 가벼워진 마음으로
허허로운 하늘을 우러러 볼 수 있다.

– 호서문학 50호

이렇게 눈이 오는 날이면

이렇게 눈이 오는 날이면
두 볼 감싸주던 할머니의 따스한
손길이 더욱 그립다.

이렇게 눈이 오는 날이면
추위도 모르고 뛰어놀다 들어와
화롯불 깊은 곳에 고구마 구워 먹던
추억의 불씨가 살아난다

이렇게 눈이 오는 날이면
떨어진 고무신 사이로
비집고 들어온 눈 때문에
젖은 양말 말리던 친구들
그 따스함이 생각난다

추억은 세월과 관계없이
나이를 젊음으로 돌려놓는다
이렇게 눈이 오는 날에는.

– 문학공간 302호

그 말 한마디

고독이 깔린 숲 내음 짙은 산길
서로 손잡고 거닐며
미소로 남겨놓은 말 한마디
세월의 틈새를 비집고
바위틈 움츠린 소박한 들꽃같이
내 마음속에 피어 있다

반짝이는 새벽 별빛처럼 남아 있는
그때 말 못한 한마디
내 가슴속 깊이 파고드는 날
나는 파도 일렁이는 술잔을 들고
삶의 여백 모퉁이를 빌어서
굵은 주름 사이 숨겨놓은 그 말
"사랑한다고"
오늘은 해야겠다.

- 문학사랑 85호

칼라 클레이

손끝으로 태어나는
진통 없는 탄생
언제나 고독을 안고
먼산 바라기만 하고 있다

반환점을 돌면
뜨거운 모성의 생명이 붙을까?

마음을 할퀴고 간 자국들이
붉은 세월을 울컥 토해내면
점토 합성인간이 되어
웃음 띤 얼굴을 하고
껌벅이지 않는 눈으로
아름다운 세상을 각인한다.

– 옥로문학 21집

실내 수영장

잔잔한 호수다
옷을 훌훌 벗어도
낯붉히는 사람은 없다

살아온 날 털어내고
맑은 미소만 출렁이는 물결이다
모두가 반복의 연속이다
너를 잡을 수 있는 왼손의 저항이다

그냥 건널 수 없다
목에 힘을 주어서는 안 된다
오늘도 마음 비우지 못하고
목에 힘준 사람
바닥으로 침몰하고 있다

허옇게 드러내는 살덩이
모두가 함께하는 오른손의 갈채다

오리가 있고 인어도 있다
노래 소리 춤추는 예쁜 물새도 있다
왼손과 오른손이 머무는 공간

마음을 비워야 뜬다

반라의 규칙 속의 자유
그곳에는 멈출 수 없는
물살 가르는 살내음만 있다.
허영에 들뜬 마음
씻어 주는 비취색 물살이다

- 계절문학 7호
- 대전문학 연구총서 III

매미의 함성

애절하게 울어대는
여름을 흔드는 소리
땅속의 기나긴 어두운 세월 벗고
처음 본 하늘을 우러러
자유의 함성 지르는 여유다

지상에서의 짧은 삶
가을을 잉태하고
마음껏 울 수 있는 행복이다
청순한 마음이다

누구를 위한 메시지
삶의 철학 전하려고
저리 목쉬도록 함성을 지르는지

간절한 저 소리
땅속의 세월
윤회의 세계를 알고 있을까?

– 한국문학시대 26호

지금은 반성하는 중이다

저 좁은 마음의 길을 타고 가면
지난 어느 날 가슴 깊이 박혀있는
어둠의 한 조각 꺼낼 수 있을까?

·

어쩌면 삶의 한 조각인데
입 밖으로 나오지 않는 말
내 주위의 많은 사람에게
내가 잘못했다.
미안하다.
용서해다오.
고단한 언어의 한마디
그 말이 그렇게 어려워서
입 다물고 무거운 시간을 보냈다

·

생각하면 할수록 지친 몸부림
감춰진 가슴속으로 타는 귀 울음이다
마음 흔드는 모진 마음의 불꽃 태우며
지금은 반성하는 중이다.

– 대전문학 71호

연꽃은 산에도 핀다

늪과 함께 끈끈한 인연
고해苦海의 세계를 벗어나
구름을 타고 넘던 달빛이 어둠을 밀치면
새벽 찬이슬만 받아먹던
연꽃은 맑은 미소로 피어난다

늪에도 길에도 산에도 핀다
수줍은 붉은 볼을 비추며
감추어진 세상을 밝혀준다

구멍 뚫린 뿌리로 번뇌를 감싸며
가장 낮은 곳에서
삼독三毒*에 물들지 않게
인간의 욕망을 잠재우고
청순한 사랑 같이 등불로 핀다

밝은 낮에는 연못에서
향기 날리며 더러움 씻어주고
어두운 밤에는 산사에서
길 몰라 헤매는 중생의 길을 밝힌다

연꽃은 산에도 핀다
석등으로 피고 연등으로 핀다
하늘이 내린 불꽃으로
어두운 무명無明 세상을 밝힌다.

* 삼독 : 사람의 착한 마음을 해치는 세 가지 번뇌
– 중도문학 17호

죄 없는 사람 있는가?

모두가 서로 잘났다. 못난 사람은 없다
속이고 속고 그러면서도
제일 청백리처럼 행세하는
저 사람을 보라
잘난 사람 앞에서 두 손 모으고
못 배운 사람 앞에서 큰소리치는
저 사람을 보라
가진 자 앞에서 굽실거리고
자기의 영달을 위해 방법을 가리지 않는
저 사람을 보라
잘난 사람 못난 사람 모두 죄인이다
삶의 죄는 지난 뒤에 안다
어느 누가 죄 없는 사람 있는가?
알게 모르게 죄를 짓고 산다
그래서 우리는 자연의 시간에 따라
죄를 뉘우치고 흙으로 가는 날
주머니 없는 죄수복 한 벌 얻어 입고
염습으로 묶어가는 마지막 길
눈물 한 방울 변명 한마디 못하고
인간의 죄인들은 그렇게 간다.

– 문학사랑 98호

있는 그대로가 좋다

그래. 있는 그대로가 좋다
오늘은 오늘이어서 좋고
내일은 내일의 기대가 있어서 좋다
못생기면 못생긴 대로
잘났으면 잘난 대로
있는 그대로의 모습이 좋다
젊다는 것은
두려움 없는 용기가 있고
패기가 있어 좋다
상큼한 그대로의 모습이 좋다
밝은 미소와 희망이 있어서 좋다

때로는 지하철이나 버스 속에서
아무도 모르게 어깨 빌려주어
피곤한 사람 잠시 눈 감고
기대어 쉬고 있는 그 모습
그대로가 좋다

가끔 지우고 싶은 얼룩이라도 좋다
그 모두 있는 그대로가 좋다

– 문학시대 38호

보문사지

산꽃 향기에 취해 나도 모르는 사이
가슴 두근거리는 설렘 속에 찾아간 곳
그곳에는 맨몸으로 버텨온 절터가 있다
보문산 정상에서 배나무골로 가는 능선에
비밀을 간직하고 그늘 숲 속에 가려진 절터에
긴 세월 땅속 깊이 묻혀 있는 보문사가 있다

역사의 흐름에 쓸쓸히 남겨진
괘불지주. 석조, 맷돌, 샘터와 많은 유물이
그 옛날 웅장했던 모습을 말하며
흘러내린 계곡 보문산 주름 속에
지난날의 귀한 흔적으로 남아 있다

지금은 볼 수 없는 보문사
아픔으로 그날의 절터 남겨놓고
새로운 불꽃을 지피기 위해서인가?
아직도 세월의 앙금 속에 덮여 있다

절 마당에는 대전광역시 기념물 제4호 표석과
돼지감자 노란 꽃이 오늘의 절터를 지키고 있다.

– 중도문학 17호

연꽃

초록 속살 빈 가슴에
떨어지는 이슬비
수정으로 토해내는
깨끗한 연잎 하나
세월의 틈바구니에
삶의 몸을 닦는다

진흙 깊은 연못
물안개 떠난 자리

수면 위에 꽃불 밝히고
두 손 모아 합장한다.

- 공저시집 : 모악문예 (연인동화)
- 오마이뉴스, 2012.07.07
- 인천뉴스, 2012.07.13

빈 터

적막한 줄 알았다
발자국 하나 찍힌 마음밭
언제나 여백이 있는
빈터에는 사람이 모인다
하나 둘 밝은 얼굴을 하고
환하게 햇살처럼 모인다

뜬구름 훔쳐 그림을 그린다
빈터에 한 점 흔적을 남긴다
마음도 빈터가 있어야
행복의 터를 닦을 수 있다
빈터에는 새로운 희망이 싹튼다

당신이 모르는 척 비워둔
그 마음의 빈터가
아름다운 흔적을 남기는
그렇게 편한 자리인 줄
하늘빛 고운 이제야 알았다

\- 호서문학 53호

모래 한 알

양말 속에 들어온 모래 한 알
한곳에 머물지 않고 떠도는
그 작은 것에 신경이 곤두선다

마음속을 떠도는 모래 한 알
보호색으로 아픔을 위장해도
움켜쥔 다른 욕심 때문에
붉은 얼굴을 감추지 못하고
멈춰버린 마음
아픈 상처로 남는다

꺼내면 되는 것을 참으며 걷는다
우리의 인생길을 말이다

– 월간 순수문학 256호

양심

초록등 신호를 놓쳤다
내 눈에 비상등을 켜고
뛰어가고 싶다
마음 한구석 무단 횡단
그게 내 마음이다.

마음을 움직이는 양심
그 끝자락에
오늘도 내가 서 있다.

– 한국문학시대 33호

가을이 오는 길목

바람 찬 들녘
까만 밤을 타고
새벽이 오면
흙내음 퍼지는
고랑 깊은 언덕에
이슬에 젖은 구절초
한 송이 피어 있다

달빛 아래
수줍은 속삭임으로
사랑의 싹을 틔우며
오염된 마음
이슬로 씻고
하얀 미소로
가을 하늘을 연다.

- 호서문학 34집

소원 빌기

눈 덮인 보문산
외진 곳

어둠이 열리는 덜 깬 시간
아들바위 약수터
촛불 두 자루 켜 놓고
무겁게 짐 지고 넘어온 세월
침묵 속에 가려진
소원 하나 들고
아직도 벗지 못한 미련
끓는 걱정을 태운다.

– 19회 한밭문화제 시화전

등산길

죄 지은 사람
계룡산 계곡 찾는 시간
산은
속세에 젖은 마음
버리고 오라며
오르는 길목
길목마다
뿌연 안개로
앞을 가로막고
산자락 보듬고 지나는
물소리, 풀벌레 소리로
맑은 산의 이야기 전한다.

– 호서문학 30집

제2부

그런 거야

입소문

사실이 아닌 것도 사실인 듯
넌지시 귀띔해주는 말
속 훤히 비치는 부끄러운 한 점
더 크게 벌어지는 아픈 상처다
하나를 들으면
둘이 더 궁금해지는 걸림돌이다

가만히 던진 말 한마디
세 치 혀의 농간이
실타래처럼 풀려 가면
토라진 붉은 눈빛 파르르 떨고
마지막 잘못된 입소문은
목울음 우는 침묵이다
부메랑으로 돌아오는 화살이다.

– 문학사랑 89호

하얀 자연의 붓질

허물을 벗고 고독한 눈빛에
다른 길로 유혹되는 날
얽히고설킨 사연 풀면서
돌밭 길을 가면
새로운 환경에 입맞춤하고
자연과 사랑을 한다

침묵 같은 고요 지날 때
자연에 묻혀 있던 한 송이 국화
검붉은 돌 속에
하얀 자연의 붓질은 누가 했을까?

어제의 독백 뒤로 하면
낙화하지 않는 국화의 무리
넘볼 수 없는 사랑의 미소를
깊은 돌의 속살 향기 속에 묻고
창가 수반 위에 피어 있다.

– 대전문학 36호

붉은 바다

저만큼 먼 거리
일출보다 아름다운 석양은
바닷속에 젖어들고

때 묻지 않은 마음
붉은 바다에 잠재우면
바다는 힘찬 너울로 춤을 춘다

하얗게 바랜 속마음
서쪽 하늘에 떠갈 때
방그레 상기된 얼굴
당신 품에 잠겨 있다.

– 문학사랑 80호

산속 외딴집

도심 전봇대에서 쫓겨난 까치 한 쌍
바람이 산속을 헤집고 다니는 이른 봄
안개구름 위 높은 가지 위에
세월의 눈길 따라가며 둥지를 튼다

비바람에 산이 울 때도
마른 입술 적시려고
구름 한 조각 입에 물고
움츠린 돌 틈 사이 풀잎 하나 구해
빈틈을 채우며 한해만 살고 떠날
사랑의 보금자리를 만든다.

꼭두새벽부터
깍 깍 깍~ 기쁜 소식 전하며
허공에 떠 있는 넉넉한 마음으로
따스한 햇살을 모아
숲 속에 외딴집을 짓는다.

- 문학사랑 91호

사마귀의 사랑

잡풀 우거진 갈림길에서
사마귀가 사랑을 하고 있다
그 속에는 달콤한 나눔이 있다
잡힌 손 놓아주지 않는다
알몸으로 버티는 시간
유혹은 침묵이고 사랑이다

사랑의 축제가 끝나면
경고의 창도 뜨지 않고
덥석 덤비는 암놈의 행동
남에게 빼앗기지 않으려는
본능의 몸부림이다
교미 한 번에 생명을 바친다
삶의 흔적을 암놈에 남기고 간다
영원한 사랑을 주고 간다.

– 대전문학 57호

왜 이른 새벽에

왜 이른 새벽에
숲 속을 달리는가 하면
지난날 잊어버린
건강을 되찾으려고

왜 이른 새벽에
가을 나무는 잘 익은 열매를
낙과 시키는가 하면
하늘과 땅의 고마움을 못 잊어서

왜 이른 새벽에
볼 수 없는 햇살 비취는가 하면
밝게 사는 법을 일깨우려고

– 호서문학 42호

야경

밤하늘 가득 떠 있던 별빛
어둠 따라 내려앉은
도심의 거리는
붉은 꽃밭이다
움직이는 불빛의 거리다

하늘 한켠 화려함은
기다림의 그리움을 삭이는
고요 속에 감춘
깊은 심호흡이다

상현달 지나는 밤
검은 마음을 쓸어가며
아름다운 삶의 거리로
빨려드는 불빛이다
새벽을 깨우는 전야제이다.

– 대전문학 44호

깊은 물은 소리 내지 않는다

흐르는 물은
가슴 한켠 남겨놓은
버거운 삶도, 미련도, 더러움도, 미움도
모두 씻어가며 흐른다

거친 숨결 소리 내어 흐르다
낭떠러지에 떨어지고
바위에 부딪히는 순간
신음의 소리 지르며
힘겨운 혼돈의 시간 속에서는
아픈 가슴 어루만지며
서로 용서하고 뒤엉킨 하나가 된다

표류해 흐르다가 웅덩이에 빠지면
잠시 고여 있는 동안
지난 상처를 덮고
재갈 물린 모습으로 말이 없다

모두 모이기를 기다린다
모두 모이면 들뜬 기분으로
떠 있는 낙엽은 남겨두고

다 함께 떠날 준비를 한다
자연의 순리를 거역하지 않는다

흐르는 물은 이렇게 나이를 먹고
깊은 물이 되면
오만하지 않고 소리 내지 않으며
또한 속을 보여주지 않는다
하늘길 고운 빛 그림자만 품고 있다.

– 남한강문학 10호

친구

어쩌다 마음 상한 말해도
안 들은 척 아무 말 안 하는 속 깊은 사람아

더 가까이 가는 길목에
가시덩굴 자라면
슬쩍 뽑아 주는 손 귀여운 사람아

무거운 짐 들고 걸어도
내 손 슬며시 밀어내는 정 깊은 사람아

풀싹 나는 언덕에 마주 앉아
먼 길 동행하는 이야기
어려운 모든 것
가슴으로 삭이던 참을성 많은 사람아

우리는
마음 통하는 오랜 친구였었지.

– 한국공간시인협회 대표시선18집

사정공원 가는 길

언제나 뜨거운 맨살로 불타는 길
송학사 목탁소리 잠드는 빈터에
맑은 약수 흐르고
숲을 끼고 꽃핀 외진 길 돌아서면
산그늘 아래 주름진 마음 펴놓고
새벽 운동이 한창이다
배고픈 다람쥐 새벽을 물고
과래정 정자 옆
도토리 한 알 움켜쥐고 서 있다
솔방울 던져 헛손질하면
자기 영역에 들어온 이방인이 두려워
검은 두 눈만 마주친다

새벽 흐르는 시간
며느리밑씻개 노란 애기똥풀이
재미있는 이야기 나누는 길
떠미는 사람 없어도
바람이 실어오는 사계절의 향내
숲 속 거니는 선한 눈빛 마주하며
사정공원 가는 길은 즐겁다.

– 문학사랑 90호

천천히 가요

무거운 배낭 짊어지고
늙어가는 나이 벗어놓고
우리 천천히 가요
낙엽 지천인 산책로
서두르지 마세요.
빨리 가지 마세요.

우리 모두 삶의 공식 따라가요
바람이 몰고 오는
흙바람에는 잠시 쉬고
배낭 주머니 열어 나누고 가요
지나온 길 돌아보는 마음으로 가요

강아지풀 손 흔드는 날
닫힌 마음 열어놓고 막힌 가슴 치며
소리 한번 크게 지르며 천천히 가요
가을 색 고운 날 우리 손잡고 가요
마침표의 점 하나 찍힐 때까지
등 가볍게 우리 그렇게 가요.

– 기행문학 창간호

이래서 좋다

오늘도 찾아주는 친구가 있어서 좋다
값비싼 음식점 찾지 않고
순댓국이나 칼국수에 소주 한 잔 마시며
때 지난 이야기하는 친구가 있어서 좋다

서로의 이름 부르며
좋은 말 나쁜 말 서슴없이 해도
허물없는 농담 한마디로
넘겨주는 친구가 있어서 좋다

나이 들어서 반말할 수 있는 친구가 있어 좋고
가끔 음담패설 들려주어
웃음 짓게 하는 친구가 있어서 좋다
겨울바람에 어느 병실에 누워있는 친구
함께 병문안 갈 수 있는 친구가 있어서 좋다

산길 걸으며 우리 나이에
이렇게 산행하는 것도 복이야
서로 위로하며 함께 걷는
말동무 길동무가 있어 좋다.

– 호서문학 45호

봄이 오는 소리

골 깊은 계곡 경사진 곳을
길 잃은 새벽달은
서릿발을 밟고 지난다

겨울을 깨우는 미풍으로
삶의 이야기를 끌고
가슴에 연정戀情 품은 어린 새싹
몰래 숨겨놓은 사랑을 건네며
봄의 뜨락에 머리를 든다

계절의 공간 여백에
풀색 바람 불면
대지 위에 뿌린 새싹
온몸으로 파란 하늘을 품고
초록 향기로 사랑을 손짓하며
봄이 오는 소리를 낸다.

– 문학사랑 83호

겨울 산행

하얀 세계
어느 누가 당신을
먼저 정복할 수 있을까?
따스한 손 기다리는
소리 없는 침묵

겨울
그리고
산
그 가운데 멈춰진 자리
바람만 인다.

야호~
소리 한번 지르면
꺼지지 않는 분화구처럼
내 몸에서 번지는 하얀 열기
우주 어느 공간 머물 때
나는 정상에 서 있었다.

– 호서문학 32호

흙길 위를 걸으며

산허리 휘감던 구름 떠난 뒤
물 먹은 촉촉한 흙길을
맨발로 걸으며 새벽을 연다

보이지 않는 목마름
질퍽한 흙 한 덩이를
발가락 사이에 끼우고
찌들어 버린 마음을 턴다

산속 깊이 숨겨진
사랑의 길 걸으면
허황된 욕망의 때는 씻겨지고

오늘은 나를 위해
작은 내 걸음의 발품을 판다.

– 대전문학 39호

마디 굵은 손

지난날
그렇게 예쁘던 손은 간데없고
살아온 세월만큼 굵어진
당신의 손마디는
고독한 눈빛 속에
가슴으로 흘려보낸
사랑의 흔적입니다

밝은 내일을 위해
좋은 추억의 빈터에서
험한 일과 싸우던 숨찬 가슴
마디 굵은 당신의 손마디는
묻은 꿈을 캐는
그리 넉넉하지 않아도
욕심 없고 정직한 여인이
희망으로 쌓은 주춧돌입니다.

– 옥로문학 20집

이런 사람이면 좋겠다

무슨 생각을 하고 있나?
헛공약만 내세웠던 그 사람
어쩌면 양심의 쓰나미에 떠밀려
지금은 어느 구석에 처박혀 있는
그 사람을 기억한다

해묵은 응어리 허공에 앉혀 둔 채
두 손을 움켜쥐고 유권자 여러분
목이 쉬도록 소리치는 저 사람
무슨 생각을 하고 있나?

소음으로 가득한 길
내가 바라는 후보자
감추었던 허기를 채우려고
욕심부리는 사람이 아니면 좋겠다
저물어 가는 구름 속으로 사라지는
어둠의 공약이 아니었으면 좋겠다

가난한 쪽방촌 어느 구석에서
목말라 젖을 빠는 아이의 눈물
깨끗한 손으로 닦아주는

그런 사람이면 좋겠다

서민의 바람을 기억하고
잘못된 연결의 탯줄은 끊고
무거움 업고 가는 등 따스한
이런 사람이면 좋겠다

– 월간문학 517호

까치밥

찬바람이 온몸을 훑고 지나고
기쁨보다 괴로움이 더할 때
우듬지에 남겨놓은
붉은 홍시 하나

된바람 불기 전에
몸 고달픈 허기진 새
잠시 쉬어
한입 물고 떠나라고
까치밥 창공에 달아 놓았다

사랑의 온기 속에
머무는 긴 기다림
추운 창공을 나는 새
그래서 오늘도 외롭지 않다.

– 옥로문학 20집

봄은 바람이다

바람 타고 오는 봄
양지쪽 계곡의 버들강아지
나뭇가지에 맑은 수액 올리며
하얀 속살을 보여준다

봄은 바람이다
봄은 맨몸이다
봄바람은 여인의 품속으로 숨는다
여인은 봄바람을 품고 거리에 나서며
아름다운 속살 보이기 시작한다
꽃들도 감추었던 봉오리 터트려
알몸으로 봄을 알린다

봄은 초록이다
봄은 향기다
봄은 여인의 향기로부터 온다
맑은 수채화 속에서 향기를 뿌린다.

– 기행문학 4호
– 충청신문, 아침을 여는 시 2013.10.10. 22면

무화과

후미진 그곳에는 벌 나비도 보이지 않았다
잎새에 흘러온 이슬 마시며
꽃들은 은밀한 곳에서 사랑만 했다

가슴 깊은 곳에서 꽃을 피우고
아무도 모르게
끊임없이 토해내는 둥근 거드름
더위에 시달리는 터질 듯한 배불림
태양을 따라가고 있었다

겉으로 잘난 체하지 않고
잘린 마디마다 하얀 피를 흘려도
아픔을 감추며 진심만 키우던 하루
사랑을 가슴에 담고 있었다

가슴 울렁거리는 어느 날
해산의 고통으로 또 다른 내일을 잉태하고
붉은 껍질 가르며 진실의 속살을 보여준다.

– 문학시대 28호

어느 오후

해가 뜨는 시간부터
달이 뜨는 시간까지
다람쥐 나무 오르듯
그렇게 바쁜 오늘
나는 나를 위해
몇 채씩의 모래집을 짓지만
그러면서도
두더지 마냥
자꾸자꾸
안으로 기어드는
나는
왜일까?

– 우리문학 30호

서정 엿장수 놀이

얼쑤 ~
저 소리
"자 서정 엿장수가 왔습니다
이리 오시오 이리와
신랑 각시 첫날밤에
오줌 누다가 구멍 난 것
영감 할멈 싸우다가
삼베 속곳 찢어진 것
얼씨구절씨구 지화자
잘 잘도 나간다
어디를 가면 거저를 주나
말만 잘하면 막 퍼주는 엿"

어깨가 엿불림 소리에 맞추어
파도의 너울을 불러오더니
서정 엿장수 놀이가 한창이다
황가야 김가야
어느 엿이 맛있을까?
그것은 경쟁의 몸부림이다

보문산마루 붉은 햇덩이
가슴을 적시며
사랑을 모의하는 밀실
맺힌 응어리 풀고
흥겨움으로 정을 채운다.

얼쑤 ~
새로운 황금엿의 탄생은
탐구의 결실이다
출렁이는 화합의 물결이다
자욱한 물안개 걷어내며
한마당 벌어지는 춤판이다
서정 엿장수 놀이다
대전 중구 문창동 주민의 단합이다.

* "　　" 엿불림소리의 일부
– 호서문학 46호

소나기

내 창문 가까운 곳에
흐르는 구름 모아
한바탕 퍼붓는 소나기
지구를 울리는 뇌성벽력은
누구의 아우성인가?
누구의 처절한 외침인가?

온몸 씻으며 빗줄기 부여잡고
숨겨놓은 나쁜 마음 버리라는
반성의 기회다
천하를 호령하는 명령이다
하늘 구름의 자유다
활기찬 구름의 피돌기다.

– 문학사랑 96호

상사화

어쩌면 마음보다 몸 먼저
애틋한 마음으로 찾아와
애절함과 그리움으로
어둠의 고리를 풀고

사랑의 떨림으로
세상을 지켜보다 떠난 뒤
침묵에 돌아앉은 하루
사랑의 고독을 턴다

꽃대 홀로 나와
눈물 뚝뚝 떨어뜨리고
뽀얀 얼굴로 애태우는
저 피맺힌 사랑의 절규

이 계절 지나면 만날 수 있을까?
사랑을 기다리는 하루가 무겁다.

– 한국 문학시대 40호

철새

계절 따라다니는 고달픈 길
계절 따라다니는 행복한 길
숨을 몰아쉬며
멀고 먼 길을 오늘도 간다

허기진 배를 채우러 갈까?
못 잊을 사랑을 찾아서 갈까?

먼 길 떠날 때
갈대숲속 풀벌레는 울어대고
세월 속에 새긴 정 못 잊어
머물던 둥지 속에 깃털 한 잎 남겼다

바람 앞세우며
비상을 위한 발자국
엷은 물살로 지우고
저 높이 편대를 지어 가는 길
젖은 날갯짓이 힘겨워
끼룩끼룩 숨 고르기를 하며
노을 속으로 날아간다.

– 호서문학 43호

거울 속의 나

매일 쳐다보는 거울
어제와 오늘을 반사하는 유혹에
내 나이를 잊었다

세월에 뽑힌 검은 머리털
찬바람에 날리고
오늘에서야
탈모현상만 원망하고 있다

새로 찍은
명함판 사진 한 장 보고서야
드러내기 어려운 나를 확인하고
다시 거울을 들여다본다.

하늘거울에 비친 내 모습
어제의 모습 아닌데
언제나
내 눈에는 착시현상만 일어난다.

– 월간문학 466호

그런 거야

삶이 어렵다고 그래도
가는 길이 다 그런 거야

잘난 척 하는 사람
알고 보면 그런 사람이야

돈 많다고 자기 자랑하는 사람
이웃돕기에 인색한 사람이야

입에 거품 불고
남의 흉 많이 보는 사람
더 모자란 사람이야

그때 그거 거시기 말이지
알고 싶어서 그런 거야.

- 대전문학 64호
- 금강일보 2014. 6.19

어두운 밤

주름 깊은 층계 따라
삶이 놓인 공간
승강기에 몸을 싣고 허공을 오른다
무거운 시간 내려놓고
어둠 속에 우뚝 선 그 자리
사람 위에 사람 있고
사람 아래 사람 있다

저 멀리 달아나던 삶의 둥지는
어둠의 잔광처럼
점 찍힌 소실점으로 다가오고
그곳에는 정겨운 사람이 산다

삶을 가둬놓고 문 잠근 어두운 밤
조금씩 커가는 모습 보이며
하늘마당 길 가던 상현달
우리를 굽어보고
사랑의 손짓을 한다.

– 옥로문학 21호

술 한잔 나누고 싶다

깊이 잠든 밤에도 포장마차는 대낮이다
모르는 사람도 술 한잔에 친구가 된다
속마음 털어 내어 빈 잔에 담아 마신다
밤을 깨워 가며 술을 마신다

세상 돌아가는 이야기를 하다가
어느 정치가의 이야기가 나오면
비평가가 되어 열을 내기도 한다
남의 흉을 보다가 칭찬도 하고
후회스러운 이야기 속에
자랑스러운 이야기도 있다
마음과 마음이 함께하는 순간
술잔을 부딪치며 건배를 한다

친구야 그때처럼 한 번 만나자
술 한잔 나누고 싶다
그 옛날 못다 한 이야기 너무나 많다
그때는 영웅이 되어 우리 술잔을 부딪치자.

– 계절문학 31호

영국사 은행나무

추적추적 비 내리는 날
환상적인 천태산 자락에
구름도 내려앉아
산사의 뜰을 거닌다
그곳에는
천년의 세월을 하루같이
사찰 문 앞에 서서
고찰을 지키는
영국사 은행나무가 있다
눈비 내리면 눈비를 맞고
바람이 불면 바람은 막고
나라가 어려워지면
소리 내어 운다는
천연기념물 223호가 있다

충북 영동군 양산면 누교리에
노란 은행잎 덮인 자리
한 잎 주워 책갈피에 끼워두면
영국사 가을은 익어 가고
자연과 세월의 선을 긋는다.

– 문학시대 39호

제3부

입소문

신호등

거리에서는
어두운 밤이나
밝은 낮에도
빨강 신호등 밝혀놓고
가던 걸음 멈추게 한다

하늘빛 고운 이 계절
나뭇잎 비집고 들어선
붉은 햇살로
흐르는 세월 세웠으면 좋겠다.

– 옥로문학 18집

건강검진

붉은빛 감도는 나이인데
얼굴의 주름 펴라고
하 ~ 하 ~ 웃어보란다

건강검진 받는 날
빛바랜 세월 속에 숨어 있는 낯선 길목
어두운 그림자를 찾아 준단다

고갯마루 올라선 오늘
감춰진 몸속으로
밝은 불을 켜들고
새벽을 삼킨 안갯속을
내시경이 헤집고 다닐 때
두근거리는 가슴
모른 척 비켜서서
마음 그릇 가득 채워진
무질서의 지난날을 지켜보고 있다.

– 2009 올해의 좋은 시(월간 한올문학사 엮)

가을꽃

놓고 온 흘러간 시간 속에
가을꽃은 새벽이슬로 피고
바람이 헤매다 지친 길에는
마른 갈대만이 춤을 춘다

세월의 풍파 속에
버거웠던 시간은
바람결에 흘려보내고

볕이 아주 좋은 날
내일을 향한 꿈을 키우며
서투른 몸짓으로 하늘을 향해
작은 꽃들은 고운 마음을 엮어
흔들흔들 사랑의 손짓을 한다

– 대전문학 69호

바람은 움직임을 강요한다

그 자리에 잘 있는 것을
굽잇길 돌아온 바람 움직임을 강요한다.
자연의 풍속 따라 밀고 밀려간다
한바탕 몸살을 앓고서야
제자리로 돌려주는 사춘기의 바람
선거 바람, 봄바람, 치맛바람, 늦바람
모두가 변화와 움직임을 강요한다

어쩌면 욕심 하나 움켜쥐고
여당과 야당. 갑과 을. 흑과 백
이 모두가 흐르는 바람 따라 끌려와
강한 바람을 일으키고 있다
바람이 세면 언제나 상처를 남긴다.
세월을 담은 나무는 뿌리 하나로
그 큰 덩치의 상처를 지키고 있다
너와 나 헝클어진 마음에 빗질하고
욕심의 뿌리 하나 자르면
사춘기의 바람같이
깊은 늪에서 헤어나지 않을까?

– 시세계 56호

대머리

대낮보다 더 밝은
달이 뜨면
눈 시린
서릿발이 곤두선다

검은 어둠이 메마른 곳을 찾아
한 줌의 텃밭을 갈고
빼앗긴 공터에 남은
개발 못한 머리털은
나를 위해 남겨 놓았다.

– 옥로문학 20집

건망증

잊자 잊어버리자
하면 할수록 뚜렷한
한 줌의 기억

이것은 이것만은 알아야지
가슴속 깊이 새기면
어느덧 물 위에 쓴 글같이
지워지는 허무

물어도 알 수 없는데
좁은 골방 가득 떠도는 망상

급하고 급한데
기억 없는 내 집 전화번호는
빙빙 머릿속만 헤집고 다닌다.

— 문학사랑 82호

공간 속의 풍경화

저 공간 속의 그림을 보라
하늘길 따라가며
자연 속에 그려놓은 풍경화를 보라
초록빛 움으로 꽃을 유혹하는 신비
녹음 우거진 산속의 풍경
텅 빈 들녘에 남아 있는 늦가을
눈 덮여 몸 시린 나목
자연의 소리까지
하늘 시계에 맞추어
모두 그림 속에 넣었다

아름다운 공간 속 자연의 풍경화는
향기 없는 그림만 그리는 인간은
누구도 흉내 낼 수 없다
있는 그대로 그린 자연의 그림 속에 내가 있다.
어쩌면 부끄러운 내 속마음도
자연 속에 기대어 그려 있는지 모르겠다.

– 기행문학 3호

산길을 가다가

시골 인심 가득한
초여름 산길을 가다가
산딸나무 꽃을 보았습니다

풀색 짙은 골짜기에
순백의 옷 걸치고
기다림의 시간
하늘을 향해 피어 있는
꽃을 보았습니다

그리움 안고
꽃그늘에
우르르 모여드는 사람
그 속에 내가 있었습니다

어쩌면 나의 숨겨진 마음
활짝 열어놓고
하얀 꽃잎 위에 얹혀
더운 여름 속을
달려가고 있었나 봅니다.

– 옥로문학 19집

사투리 속에는 고향이 있다

가버린 시간 속에 그리움 번지면
세월 속으로 사라진 말들이 생각난다
지방마다 가지는 독특한 억양
타향에 오래 머물러 퇴색되었어도
고향의 언어는 기억 속에 남아있다

어디 숨어있는지도 모르는
낯설지 않은 고향 사람들
몇 마디 말로 친구를 찾고
정다운 고향을 찾는다
어디 살었어유~, 누구라구유~
사투리 속에는 고향이 있다.

– 대전문학 67호

꽃샘추위

지독한 영하 날씨가
덧난 상처를 애무하면
폭포는 몸부림치며
온몸을 하얗게 문신한다.

힘들게 걷던 길 뒤로 하고
물마루 타고 먼 길 돌아온
봄을 알리는 꽃샘추위
남몰래 너를 끌어안고 있어도
아직은 차가운 눈빛

따스한 체온 익을 때까지
힘찬 바람 날리며
그리움 품고 꽃잎 비상할 때
구름은 땅에 내려와 계절을 밀고 가고
물오른 매화는 봄의 열병을 앓는다.

– 문학시대 21호

빠트린 마음 하나

들리지 않는 속마음
무심코 뱉은 한마디 말이
죄책의 소리로 들리는 날
어려움 버티며 힘 모아주는
내 가족을 사랑합니다

참고 견디는 땀방울 속의 하루
당신의 고운 마음 하나
놓고 싶지 않은 끈 손에 쥐고
90계단을 지키는 디딤돌
나는 그 돌을 사랑합니다

어느 날 문득
빠트린 마음 하나에
눈시울이 젖어오는 하루입니다
어머니 사랑합니다.

- 기행문학 3호
- 충청신문 2013.10.15.

계룡산 오뉘탑

불심佛心과 사랑의 갈림길
고뇌와 고뇌 속에
염주알 굴리던 상원 스님

가슴 태워도 이루지 못할
애달픈 사랑의 불꽃
이승의 번뇌 탑 속에 감추고
애틋한 사랑만 전한다.

— 문학사랑 79호

풍경소리

스쳐 지나는 인연으로
가슴 저리게 그리운 날
온갖 번뇌를 버린다
속세와 인연을 끊은 스님
바랑을 업보처럼 메고
풍경소리 뒤로하고
고행의 길을 떠난다

어둠을 버리는 시간
바다를 떠나온 물고기는
산사 처마 끝에 매달려
파도소리 그리워 귀를 세우고
몸을 던져 풍경을 두들기며
바람에 묻어온 소식을 듣는다.

– 한국문학시대 36호

침묵하고 싶을 때

마음속 어려움이 있을 때
마음 털어놓지 못하고
구름에 가린 달같이
나의 모습이 가려진 날
가끔은 나도 침묵하고 싶다

산속 깊숙한 곳
흘러가는 시간을 외면하는
말 없는 자연의 소리같이
아무에게도 할 수 없었던
감추어 두었던 소리
나만의 한마디 말
그 한마디는 침묵하고 싶다.

- 월간 순수문학 256호

그리움

주름진 얼굴 뒤에 숨겨진
그리움의 한 토막

어제의 눈망울 가득하고
아직 나눌 수 있는 마음
그 마음 때문에

소식 없어
유난이 보고픈 친구야

한구석 숨겨 있는
너의 그림자
가끔 빛바랜 사진 위로
친구 얼굴 떠오르면

나는
눈이 큰 한 마리 황소가 된다.

– 대전문학 37호

그래도 공짜는 없다

누구나 공짜를 좋아한다
속이려고 매단 미끼에
물고기 한 마리
낚시에 걸려 허공에서 몸부림을 친다
공짜를 좋아하는 놈이든지
아니면 눈이 나쁜 놈이다
공짜를 좋아하는 자의 최후다

인간은 물고기보다 공짜를 더 좋아한다
양심을 속이며 공짜를 바라는
거지 근성도 있다
옛말에 양잿물도 공짜면 먹는다고 한다
얼마나 공짜를 좋아하면 생성된 말인가?

세상 바닥에 깔린 인간의 속마음이다
공짜를 바라는 마음은 상처다
공짜는 깊은 함정이 된다

기분 좋은 공짜도 있다
고운 마음으로 봉사하며
따스한 손길로 마냥 퍼주는 공짜

이 모두는 뜨거운 사랑의 심장이다
그러나 보답의 짐을 지는 부채다

자연은 가공되지 않은 미소다
마지막 삶을 엮어가는 힘찬 박동이다
감사함을 모르며 지내온
자연의 공짜 선물도 많다
그래도 공짜는 없다.

– 한국문학시대 27호

따라 하기

어느 가을빛 고운 날
낙엽이 뚝뚝
공원 벤치에 내려앉으면
나도 낙엽 따라 벤치에 앉아
오른발 위에 왼발을 올려놓고
오른손은 왼발 발목을 잡아 올려
오른발 무릎 위에 얹어놓고
왼손은 왼발 무릎을 잡고
아주 편한 마음으로
하늘을 쳐다보다가
아니면 찬바람에 떨고 있는
겁먹은 나무의 흔들림도 보고
행복한 사람들의 미소 속에
나도 따라 웃어도 보고
그러면서
좋은 일을 따라 하다 보면
나도 모르게
나도 좋은 길로 가고 있겠지.

– 문학시대 31호

지는 낙엽 꽃으로 다가오는 계절

희망의 꽃 한 송이 피우려고
역경 속에서 쉼 없이 걸어온 길
편한 마음으로 뒤돌아보면
또 다른 무게로 다가오는 시간이
마음속 깊이 성장통을 앓게 한다

인생 후반전 주름이 골을 이루고
얼굴 어디쯤 검버섯 돋아 있어도
남아 있는 삶의 언저리를 맴도는
내일의 꿈이 남아 있어서 좋다

지는 낙엽 꽃으로 다가오는 계절
지친 마음 품어주는 자연 속에서
얼굴 붉힌 단풍 한 잎 주워 들고
가슴속에 묻어 둔 욕심, 미움, 아픔,
모두 긁어모아 낙엽처럼 태우며
인생길을 돌아본다.

– 문학공간 312호

헤어짐이 있어 더욱 그립다

만나고 헤어질 때
가슴 한쪽에
기다림의 씨앗 하나 심는다

꽃보다 고운 인정이
떼 지어 몰려오면
기다림의 고독이
상사화처럼 피어오르고
아무도 마중 나오지 않는
기다림으로 자리매김한다

만남보다
헤어짐이 더욱 그리운 것은
어쩌면 사랑으로 길 놓은
긴 세월의 징표 때문일까

헤어질 때
시골 마을 고샅길은
시끌벅적하다.

– 호서문학 40호

문원각

문지로 전력연구원 텃밭 뒤
정기 어린 산이 있다
그 옛날 그 모습 그대로 있다

화암산 줄기 나지막한 언덕
그곳 50계단 오르면
거북 등 위로 바람도 지난다
때로는 뽀얗게 피어나던 산안개
춤을 추며 떠나고
해와 달과 별이 머물다 가는
언제나 사랑 빛 흐르는 곳
여기에 문원각이 있다

천 년의 그리움 쌓아놓고
조상을 생각하며 사는 사람들
언제나 옷깃 여미고
경건한 마음으로 두 손 모으는 곳
여기가 문원각이다.

– 중도문학 18호

길

길에는 많은 사람이 떨구어 놓는
어둠 속에 굳어진 사연의 조각들을
세월이 밟고 지난다

이별을 재촉하는
가로수의 검붉은 낙엽은
길 위에
글썽한 눈물 한 방울 흘려 놓고
세월이 윤회하는 시간
아픈 상처를 덮는다

세월 속에 갇힌 오늘
길 위에 숨어 있는 나는
나를 찾지 못하고
홀로 숨바꼭질만 하고 있다.

– 기행문학 창간호

쉼터

넓은 빈터에
커다란 고목과 바위는 우리들의 쉼터다

그곳에 걸터앉아 있으면
옛날의 추억도 고단한 불빛도
그리운 목마름이 되어
달빛 노을 가득 품고 달려온다

모두가 간절한 소망을 간직하고
지금은 고목 상처에 박혀
단단한 옹이가 되어 있다

그 옹이 속에 새순 돋으면
멈춤의 시간은 다시 살아난다
세월의 흐름과 함께

오늘은 우리들의 쉼터에서
매미가 고목에 매달려
여름 노래를 대신 불러주고 있다.

– 옥로문학 22호

눈 내리는 밤에

이렇게 오리라 했지요
당신이 잠든 틈새로
포근한 입김으로
미움은 묻어두고
빈 공간 채우며
아무도 모르게 내린다고 했지요

닫혀진 커튼 열면
메마른 가지 위에 삶을 매달고
순백의 가슴으로 더러움 덮어주고
소리 없이 온다고 했지요

오랜 기다림 속
소복이 쌓여 있는 언덕길
갈숲 바람의 노래만 들리는
그곳에서 만난다고 했지요
눈 내리는 밤에.

– 문학사랑 70호

가을 소묘

(한글 자음 ㄱ → ㅎ)

그리움 깔려있는 단풍의 몸짓
나무도 무거운 짐 떨구는
다시 돌아온 빈손의 자연이다

로댕의 생각하는 사람처럼
마음속 사색의 시간 보낼 때
불붙은 단풍은 능선을 넘는다

사랑의 힘 모아 정을 쌓고
이웃들의 고통 달래는 시간
주름진 얼굴 미소로 편다

첫서리 내리는 들녘
커다란 텃밭
토담집 울 너머
평범한 여인들의 바쁜 손길
향기 풍기는 가을을 담그고 있다.

– 문학시대 25호

돌샘

깊은 계곡 정상
안개로 펴 올리는
작은 샘 하나

어둠 걷힌 길목
산에 오르며
돌샘 가득 고여 있는 물
세상 마음 적시고
퍼가는 사람 있어 좋다.

– 제22회 한밭문화제 시화전

낙엽 한 잎

바람이 굴리던 낙엽
책갈피에 끼워 넣고
가을 유혹에 몸 맡기면
그늘 속에 남겨진
접은 마음
그리움의 싹 하나

땅에 떨구고

창공 저 멀리
타는 듯 스러지는
낙엽 한 잎 진다.

– 문학사랑 69호

이름 때문에

쥐똥나무 꽃에서는
쥐똥 냄새가 날까?
향수 냄새가 나는데

며느리 밑씻개 잎은
화장지 대용으로 사용했을까?
가시가 돋쳤는데

개불알꽃은 정말
개불알을 닮았을까?
아름다운 야생난인데

어항 속 이끼 자국처럼 남아
잘 지워지지 않는 흔적

이름값이란 바로 가슴 떨림이다
잘못된 이름 때문에
진실이 감추어진 어둠이다.

– 호서문학 47호
– 경상일보 〈시를 읽는 아침 218〉

4월의 거리에 서면

벗이여
체념의 행렬 깨우던 이 거리에
4월이 오거든

마음에서 멀어진 그날의 함성
우리 모두의 바램 다시 한번 기억해다오

창밖 향나무
당신을 위해
몸을 태워 향기 날릴 때
항거했던 아픈 가슴
영원한 울림 그날을 기억해다오

벗이여
웃음으로 가득한 이 거리
다시 4월이 오거든
그때 많은 꿈 묻어둔 거리를 거닐며
어제의 함성에 귀 기울여다오
4월의 거리에 서면.

– 오름 시인선.8 (3.8민주의거 기념사업회)

오늘은 어버이날

어머니의 마음은 언제나
잔잔한 사랑 속에 감추어져 있었다
감기라도 걸려 열이라도 나면
아픈 것은 모두 엄마 달라며
근심 띈 얼굴로 밤을 새우던 어머니
자식에게 베풀어 주신 당신의 사랑
온갖 역경을 넘겨주신 힘센 어머니
아흔셋 어느 날 갑자기 그 힘 버리고
자식의 힘 빌릴 때마다 미안하다, 고맙다.
그 말씀 가슴이 미어집니다

어머니 어찌해야 합니까?
세월의 더께에 힘겨워하던
당신의 고통을 연세 탓으로 돌리고
효도 한번 못한 불효한 죄인은 말입니다
오늘 어버이날이라고 모두 야단입니다
길가에 붉은 카네이션이 피어 있습니다.
어쩌면 오늘은 우울한 날인지 모르겠습니다
당신의 고운 정 가슴에 담고
어버이날 당신을 기억하렵니다.

– 한국작가 44호

백내장

백내장이라고 했다
언제부터인가 늙음의 훈장을 달고
착시 현상 속에서 헤매고 있었다
세상이 온통 혼탁하게 보였다

잡을 수 없는 은하의 바다에
멈춤의 시간을 띄워 놓고
뿌연 하늘만 쳐다보며
그곳이 현실인 줄만 알았다

혼돈의 시간 속으로 빨려 들어간
어둠의 길목에서
미세한 칼끝으로 잘라내었다
세상이 밝아 보였다

가슴속에 감춰진 한 점
양심의 칼날을 빌어 잘라내면
밝은 태양처럼 마음도 환해지겠지.

– 한국문학시대 34호

먼 훗날 당신을 찾고 싶을 때

잊혀진 옛날
지금도 당신은 그때를 가끔은 기억하나요
보리개떡의 검붉은 맛과
판자촌 깡통지붕의 열기와
달리는 차에서 던져 주는 구호물자를 줍던
그날의 슬픈 우리들의 일그러진 모습을
진종일 번 돈으로 지게에 한 됫박 보리쌀 자루를 달고
지친 걸음으로 걷던 무거운 발걸음을 상상해 보셨습니까?
전쟁의 무서움과 굶주림이 가득했던 그때였지만
그래도 모두가 순박한 마음 그대로였습니다
가난했지만 변하지 않은 그 마음 그 얼굴 때문에
당신을 오늘도 찾을 수 있답니다

지금 당신은 변해 있습니다
실눈을 뜨고 내가 아닌 나를 그리며
어떠한 생각을 하고 있습니까?
왜 굶주리고 살았느냐고 질타하며
어쩌면 허황된 꿈속으로 가고 있지는 않습니까?
물려받은 턱과 납작하고 귀여운 코는 어디로 갔습니까?
가끔은 우리의 지난 자화상도 한 번쯤 기억하면 안 될까요
오늘을 살지만 어느 낯선 만남에서

먼 훗날 순수한 당신을 찾고 싶을 때
마음과 외모가 변한 당신을 어떻게 하면 찾을 수 있나요.

- 호서문학 41집

장미꽃 피는 계절

고통의 가시밭길 걷는 인생
메마른 사랑앓이를 한다
뾰족한 마음에 걸려
질긴 삶의 힘살이 일어선다

인간을 즐겁게 하는 붉은 장미꽃
가까이 할 수 없는 가시의 경계선
통증 없는 사랑을 하려고
붉은 도도함에 입맞춤을 한다

붉은 장미꽃 피는 계절
가슴 깊이 박힌 인생의 가시
태양 빛 고운 사랑으로 뽑아내고
육신의 아픔을 향기처럼 날린다.

– 문학사랑 108호

긍정의 시학, 이야기의 시학

— 노태웅 시집 『추억여행』에서의 시의 역할

이 규 식
(문학평론가)

2007년에 이어 9년 만에 펴내는 노태웅 제2시집 『추억여행』은 제목이 주는 인상만큼이나 수록된 시편들의 분위기며 주제를 어렵잖게 내비치고 있다. 첫 시집 『너는 모를거야』 역시 '모를거야'라는 표현에도 불구하고 작품 대부분이 소통과 이해에 있어 적정 밀도와 가독성을 유지하고 있었는데 이번 시집에 실린 작품의 주조는 '추억'이라는 개념을 큰 축으로 동심원을 그리며 확산되고 있다. 수록될 작품을 받아들고 첫 시집을 자세히 읽어보았다. 아직 교류가 없는 시인의 경력도 눈여겨봤다. 중등학교에서 교편을 잡았고 교감으로 명예퇴직을 한 다음 본

격적으로 시 창작에 몰두하고 있는데 교단경력자 대부분이 그러하듯이 단정하고 정갈한 시세계를 펼쳐 보인다. 이런 면은 지금처럼 자극과 엽기, 상식을 넘어서는 현상이 출몰하는 시대에 자칫 단조롭고 지루한 인상을 줄 수도 있겠다. 그러나 이즈음 젊은 시인들을 중심으로 전개되는 자의적인 난해, 미시적인 개인체험의 거대담론화 그리고 점차 폐쇄구조 속으로 밀려가는 창작과 상상력의 반경 등을 생각할 때 노태웅 시인의 경우 적절한 균형을 맞추고 시의 본질을 천착하는 노력이라는 점에서 가치를 부여할 수 있다. 첫 시집 『너는 모를거야』에서 피력된 시인의 시적 관심사나 제재는 이번 시집에서 그 폭과 깊이를 더하는 동시에 안정감 있게 표현되고 있다.

관조의 힘, 시의 원동력

시인의 교단경력과 삶의 경륜 그리고 인식의 확장추이 등 여러 측면에서 이번 시집에서 주축을 이루는 명제는 '성찰', '반성' 같은 추상적 개념의 형상화라고 말할 수 있다. 이런 현상은 '관조'라는 심적 상태를 통하여 이루어진다. 아름다운 것을 찾으려는 욕구, 옳고 바른 것에 대한 이끌림이 예술가들의 공통적인 지표라면 이런 의지는 의지 자체만으로는 구체화되지 않는다. 아름다움을 찾으려는 신념이 남달라야함은 물론 그 신념을 실천할 올바른 방책을 구사해야 할 것이다. 열정적이어야 하지만 과격하지 않고 흔히 노정되는 감상조의 자기도취 같은 장애물을 잘 걸러내어 관조에 이르려면 지금껏 우리에게 친숙한 관조의 고정관념적 인식에 대한 검토가 필요하다. 다소 현실도피적인 위치에서 초연함을 앞세운다던가 방관자적 위치에 만족하거나 자연물을 시적 자아에게로 이끌어 들여 몰입의 경지를 지향하는 등 여러 상황이 그러하다. 시인은 치열한 내면의 반성을 거친다.

생각하면 할수록 지친 몸부림
감춰진 가슴속으로 타는 귀 울음이다
마음 흔드는 모진 마음의 불꽃 태우며
지금은 반성하는 중이다.
—「지금은 반성하는 중이다」 부분

시를 창작하는 마음의 상태, 영혼의 위상은 관조에서 비롯되어야 한다면 노태웅 시인이 보여주는 관조는 매우 자연스럽고 적절한 밀도를 유지하고 있다. 이 시집에서 눈에 띄는 여러 편의 시가 이러한 관조의 물줄기를 타고 구체화된다. 거기에는 현실에 대한 반성과 자책 때로는 자신이 몸담고 향유하는 문명에 대한 비판도 함께 한다.

주름 깊은 층계 따라
삶이 놓인 공간
승강기에 몸을 싣고 허공을 오른다
무거운 시간 내려놓고

어둠 속에 우뚝 선 그 자리
사람 위에 사람 있고
사람 아래 사람 있다

— 「어두운 밤」 부분

승강기를 타고 건물을 오르는 그 짧은 시간 동안에 이루어진 시인의 성찰과 관조는 문명과 물질의 외형적인 층위와 함께 사회의 불공평한 위상과 불평등을 아울러 묘사한다. '사람 위에 사람 있고 사람 아래 사람 있는' 이 부조리한 세상에 대한 날카로운 비판의 시선은 그러나 모든 것을 감싸는 자연의 포용력을 통하여 긍정의 시선으로 바뀔 수 있었다.

삶을 가둬놓고 문 잠근 어두운 밤
조금씩 커가는 모습 보이며
하늘마당 길 가던 상현달
우리를 굽어보고
사랑의 손짓을 한다.

— 위의 시

시인의 자성은 솔직하다. "맨발로 걸으며 새벽을 연다" 거나 "찌들어 버린 마음을 턴다" 또는 "작은 내 걸음의 발품을 판다." ('흙길 위를 걸으며' 부분) 같은 일상 속의 작은 행위, 그러나 의식 있는 성찰의 행동을 통하여 구체화된다. 이런 패러다임은 비단 자연과 인간 사이에만 성립되는 것은 아니다. 구체적인 현실, 예를 들어 선거나 정치와 관련된 잡답한 세속의 현실을 향해서도 굽잇길 돌아온 바람이 움직임을 요구한다고 노래한다. 이 경우 바람의 의미는 중층적이다. 자연의 바람, 인간의 바람, 인간사회가 야기하는 작위적인 바람… '바람은 움직임을 강요한다' 같은 작품의 2연에서 피력된 다소 장황하고 정제가 미흡해 보이는 시구에서도 이런 자성의 의지는 계속된다. 그 구체적인 실천의지가 시인에게는 침묵으로 나타난다. 외침이나 포효보다도 더 깊은 함의와 주장이 침묵을 통하여 드러나는 까닭이다.

………

가끔은 나도 침묵하고 싶다

………

그 한마디는 침묵하고 싶다

—「침묵하고 싶을 때」 부분

침묵이 소극적 의사표출이라 생각될 때 시인은 보다 적극적인 시도에 나서는데 그것은 '버리기'라는 행동을 통하여 이루어진다. "이제는 버려야 할 때다/ 세월 따라가는 나이도 버려야 한다/ 힘들어 있는 두 주먹도 펴고/ 버리지 못해 감추었던 모든 것/ 힘 있을 때 버려야 한다// 그래야 몸 가벼워진 마음으로/ 허허로운 하늘을 우러러 볼 수 있다." ('이제는 버려야 할 때다' 부분) 라는 구절처럼 내공이 쌓인 관조와 성찰을 통하여 그리고 짐을 덜어내고 나서 가벼워진 몸과 마음으로 시인은 자신이 노래할 삶과 세상, 인간과 사물을 향하여 발걸음을 가볍게 내딛을 수 있는 것이다. 그 때 시인의 눈길은 긍정에 충만해 있다. 시인은 결국 긍정의 인간이어야 하기 때문이다.

긍정의 노래를 부르다

이 시집에서 긍정을 기반으로 노래한 작품은 얼핏 봐도 십여 편이 넘는다. 그러므로 긍정의 시선, 긍정의 노래, 긍정적 인식은 노태웅 시인의 문학을 특징짓는 명제라고 말할 수 있다. 시인은 일반 대중들이 듣지 못하는 소리를 듣고 해독하여 들려주는 역할을 부여 받았다면 그 난해한 웅성거림, 삼라만상이 서로 조응하여 울려내는 오묘한 소리 그리고 이른바 공감각 차원에서 감지되는 여러 섞여있는 소리를 수용하여 풀어내야 하는데 그 해독의 기저음을 선택하는 것은 오로지 시인의 몫으로 남는다. 난해하고 무거운 소리를 낼 것인가, 듣는 사람들에게 무언지 알 수 없는 난청의 불협화음으로 들리게 할 것인가 또는 지금처럼 힘겨운 시대에 청량하고 맑은 긍정의 노래를 들려주어 삶의 희망을 일깨울 것인가는 시인의 선택과 역량에 달려있다. 그렇다고 마냥 좋은 표현, 의미 없는 미사여구로 공감대를 얻지 못하는 말의 성찬에 그쳐서는 안 될 것이다. 적절한 긴장과 탄력으로 독자로 하여금 생각하도록 하면서 스스로에게 대입시켜 볼 약간의 여지를 남겨주는 노래, 온갖 고통과 악의 존재 속에서도 삶이 살아볼 만한 것이라는 긍정의 인식과 메시지를 담은 의미 있는 시작품을 써야하는 시인의 사명이 새삼스러운 시기에 노태웅 시인의 긍정의 노래는 그래서 눈여겨볼 만하다. 더러 교훈조의 경구나 다소 경직된 시구가 있기는 하지만 그 바탕에는 오랜 교단생활에서 체득한 예지, 잠언 성격의 명구가 보석처럼 박혀있다.

삶이 어렵다고 그래도
가는 길이 다 그런 거야

잘난 척 하는 사람
알고 보면 그런 사람이야

돈 많다고 자기 자랑하는 사람
이웃돕기에 인색한 사람이야

입에 거품 불고
남의 흉 많이 보는 사람
더 모자란 사람이야

그때 그거 거시기 말이지
알고 싶어서 그런 거야.

—「그런 거야」 전부

무슨 설명이나 사족이 필요할까. 특히 이즈음 우리가 목격하는 사회혼란, 계층간 갈등과 이른바 지도층의 무능과 위선을 명

쾌하게 꼬집으며 짐짓 능란하게 희화화시킨다. 마지막 연 “그 때 그거 거시기 말이지/ 알고 싶어서 그런 거야.”라는 표현은 이런 풍자취향을 배가시킨다. 무슨 의미인지 얼핏 이해되지 않는 가운데 읽는 사람 저마다 달리 해석할 뉘앙스를 던져주는 2행의 함의는 만만치 않다. 해설자도 이 글을 쓰면서 한동안 곰곰 생각해봤으나 역시 개인적인 유추에 그치고 말았다. 이러한 흡인력은 형태와 표현, 피력하는 분위기는 다르지만 여러 작품에 산재해 있다. ‘과음’에서는 음주에 관련된 경구를 에피소드 형식으로 풀어가고 ‘천천히 가요’에서는 소통과 연대, 공감 등 여러 소중한 미덕을 동시풍으로 옮겨놓는다. ‘천천히 가요’는 충청지역 현대문학의 선구자 소정 정훈 선생의 대표작 ‘밀고 끌고’를 연상시키는 가운데 노태웅 시인이 제시하는 긍정의 시학 메시지가 가장 명료하게 노정된 작품으로 꼽을 수 있다.

진실한 우정과 교우의 진정성이 점차 희석되는 가운데 ‘이래서 좋다’는 지란지교(芝蘭之交)의 구체적 사례를 간략하게 압축한다. 평범해 보이지만 실천이 쉽지 않고, 나는 그럴 것 같지만 막상 이렇다 할 기억이 또렷하지 않은 우리 우정의 현실과 민낯을 내비친다.

긍정의 시학을 개진함에 있어 자연과 계절 인용은 자연스럽다. 자연의 순리, 계절의 순환을 노래하는 가운데 겸허한 마음으로 구축하는 건강한 에로티시즘은 시각, 촉각, 후각 그리고 청각 같은 여러 감각을 적절히 구사하여 온 몸으로, 관능으로,

의식을 통하여 봄이 여는 한 해의 축복과 감사함을 상찬한다. 노태웅 시인의 작품에서는 많은 경우 마지막 연에 비중이 실리면서 앞 부분에서 생성, 축적해온 감성의 무게를 이끌어 올린다.

> 봄은 초록이다
> 봄은 향기다
> 봄은 여인의 향기로부터 온다
> 맑은 수채화 속에서 향기를 뿌린다.
>
> —「봄은 바람이다」 부분

봄, 향기 같은 평범한 어휘를 여러 번 썼음에도 여기서 그다지 번거롭거나 거슬리지 않는 이유는 1, 2연에서 형성해온 봄의 느낌과 감각이 확산되면서 자연스럽게 귀결되기 때문이다. 이런 구조는 '손금'에서도 나타난다. 1연 2행, 2연 3행의 잠언적인 언사를 3연에서는 7행의 감각적이면서 세밀한 묘사와 선언적 표현을 통하여 매끄럽게 매듭짓는 역량을 보여준다. 시인이 견지해온 모범적인 삶의 태도나 의식이 더러 직접적으로 표출되어 교훈적인 경직성이 우려될 경우에도 적절한 압축과 비유구사로 상투성을 벗어나는 기량 ("초록등 신호를 놓쳤다/ 내 눈에 비상등을 켜고/ 뛰어가고 싶다/ 마음 한구석 무단 횡단/ 그게 내 마음이다.// 마음을 움직이는 양심/ 그 끝자락에/ 오늘도 내가 서 있다." - '양심' 전부) 이 여기에 힘을 싣는다.

긍정의 시학이라고 해서 마냥 모든 것을 인정하고 수용하는 일방적이며 무미건조한 지향을 일컫지는 않는다. 관조와 성찰, 숙려와 회의 같은 여러 층위의 사고 단계를 거쳐 이른 만큼 거기에는 적절한 근거와 바탕이 자리 잡고 있을뿐더러 그런만큼 '긍정'이라는 개념의 폭과 깊이는 튼실해진다. 예를 들어 '이제는 안 속는다'라는 문구를 앞세우는 경우가 그러하다. 시대상황을 감안한 이를테면 실용적인 긍정의 단계라고 이름붙일 수 있을 것이다.

이제는 허수아비로는 안 속는다
먹물로 수염 그려놓고
빨강 도깨비 형상을 했어도
움직이지 않는 눈 때문에
이제는 허수아비에게는 안 속는다

………

믿고 싶은데 믿어야 하는데
세상을 속이는 사람들
그래서 이제는 안 속는다
시간이 지나면 속이 드러나는 걸.

—「이제는 안 속는다」 부분

여러 각도로 읽힐 수 있는 작품이다. 문자 그대로 수용될 수도 있고 기표를 넘어선 기의 차원으로 해석되는가 하면 이런저런 의미를 종합하여 중층적인 메시지 도출 역시 가능할 것이다. 이러한 다양한 수용가능성을 포괄하여 노태웅 시인이 피력하는 일관된 목소리의 본질은 그러므로 삶과 인간에 대한 긍정의 노래라고 말할 수 있다. 연륜의 성숙과 거쳐온 경력 그리고 첫 시집 발간 이후 십년 가까이 천착해온 시적 메시지와 표현력의 심도는 여러 정황의 복잡다단함과 부정적 현실에도 불구하고 이런 설정을 가능케 하였다. 긍정의 철학을 견지하고 전파하기 위해서는 우선 시인 자신이 굳건히 서있어야 하고 외롭지 않아야 한다면 그는 이렇게 자신감을 새에 이입하여 피력하고 있는 것이다.

………

사랑의 온기속에
머무는 긴 기다림
추운 상공을 나는 새
그래서 오늘도 외롭지 않다.

— 「까치밥」 부분

스토리텔링을 시에 연결하면

소설에서처럼 시에서도 이야기가 중요한 비중으로 대두되는 가운데 스토리텔링 개념을 접목한 시의 외연이 넓어지는 중이다. 이미 1990년대부터 시도된 이야기 시에 대한 관심에 최근 열기가 더해지고 있다. 시는 순간적인 감정이나 시적 상황을 언어로 압축하여 형상화한 예술이므로 이야기가 스며들 여지가 그리 많지 않다고 한다. 길지 않은 분량에 압축과 생략, 유추의 기능이 강화되는 시 장르에서 이야기를 어떻게 담고 그것을 어찌 풀어 가는가 하는 우려도 있지만 생각보다 어려운 것이 아니다. 시에서도 대하 장편서사시가 있고 소설에서도 짧은 콩트나 엽편(葉片)소설이 존재하듯이 시라는 틀속에서도 흥미 있고 예술성 높은 이야기를 담으려는 시도는 시의 저변확대, 관심제고 다른 장르와의 교류, 상생을 위하여도 필요한 노력이다.

지하철역에 게시된 시작품들이 전형적인 스토리텔링 기조의 산물이다. 지하철 시가 도시 마케팅 전략의 일환으로, 스토리텔링 소재로 활용되는 이유는 무엇일까. 시가 이야기를 만들어 내기 때문이다. 그러나 상식적으로 쉽게 이해되지 않는 부분이 있다. 지하철에 게시된 시작품들은 대체로 짧은 편이다. 거기서 무슨 이야기가 창출되고 전달, 전파, 수용, 소비될 수 있을까. 답은 간단하다. 시 작품 자체 내부에서만 이야기가 생겨나는 것이 아니다. 지하철 시 문화에 대하여 상세한 논설을 쓴 김점용 시인에 의하면 지하철 시를 읽고 공감하는 지하철 이용자 - 독자들도 나름 자신의 이야기를 만들어낸다고 한다. 어린 시절 추억과 자신의 상황을 연결시키기도 하고 까마득히 잊혔던 기억을 회생시켜낸다. 지하철 역 구내는 불특정 다수가 사용하는 대표적인 공적 공간이다. 평소 잊고 살던 자신의 추억과 상처, 옛 사랑, 미담, 감미로운 기억이 유, 무명의 시인들 또는 시민 응모자가 써놓은 시를 읽음으로써 거기에 홀연 자신의 감성,

추억과 상상을 이입시켜 나름 머릿속에 어렴풋하지만 시의 형태로 또는 이야기로 펼쳐나가도록 하는 것이다. 시에서의 스토리텔링은 해당 작품 속에 유형적으로 나타나는 서사구조인 동시에 읽는 사람들에게 고취시켜주는 이야기의 단초며 보금자리가 될 수 있다. 한 권 또는 여러 권짜리 소설을 읽고 독자가 떠올리는 감성의 실타래에 비하여 시에서는 일련의 과정이 보다 수월하지만 강력하기 때문이다.

이런 측면에서 노태웅 시인이 개진하는 스토리텔링 기량은 아직 비록 한정된 대상에도 불구하고 가능성은 주목할만 하다. '서정 엿장수 놀이', '여름밤의 추억', '이런 사람이면 좋겠다' 그리고 이 시집의 표제시인 '추억여행' 등 여러 편의 작품은 앞서 살펴본 스토리텔링의 원론과 구도에 충실하면서 읽는 사람으로 하여금 자신의 추억이나 생각, 가치판단을 대입시켜 볼 수 있는 마당을 제공하기 때문이다. 바라기는 노태웅 시인이 그간 도야한 경륜, 구축한 네트워크 그리고 성실한 자기충전과 상상을 통하여 유능한 스토리텔링 시인으로 작품을 썼으면 한다. 시 작품 한편의 스토리텔링이 발단이 되어 연극, 뮤지컬, 영화, 드라마, 만화, 캐릭터, 소설 등 많은 인접 장르로 확대 재생산되는 원소스멀티유즈(O.S.M.U) 트렌드가 주도하는 문화 콘텐츠 시대에 우리는 살고 있다. 제한된 좁은 지면의 활자 미디어를 통하여 읽고 상상하는 시작품의 미덕도 나름 크지만 무궁무진한 이야기를 시 창작에 대입하는 열린 글쓰기의 가능성을 노태웅 시인 작품에서 발견한다.

무한경쟁 시대의 시인은

노태웅 시인 작품에서는 그 연배 시인들에게서 보이는 성급한 감성표출이나 경직된 시각의 주장 그리고 짐짓 원로연하는 교훈조의 사설을 찾기 힘들다. 젊은 시인들도 마찬가지지만 자기감정에 전전긍긍하는 시를 누가 읽으려 할 것인가. 읽었다 하더라도 오래 기억하기 어렵다. 발표하는 순간 시는 시인의 가슴과 머리를 벗어나 읽는 사람, 주변 인물 그리고 크게는 사회로 전이되어 힘과 따뜻함을 주는 문화의 촉매가 되어야 하지 않을까. 자기 성찰과 관조를 거쳐 현실긍정이라는 고유한 시 영역을 확보하면서 자신만이 갈무리해온 흥미롭고 다양한 이야기를 녹여 부어 축조한 시 작품은 그러므로 견고하고 설득력이 있을 것이다. 시인이 넘쳐 나는 사회, 너나없이 숙성이 덜 된 비슷비슷한 작품을 들고 나오거나, 시인이라는 타이틀만 얻은 채 하릴없는 불모의 세월을 보내는 허명의 사람들이 뒤섞여 혼란스러운 이즈음 자신만의 목소리, 독특한 성문(聲紋)과 문채(文彩)를 확보하기는 그리 수월치 않다. 청년, 장년, 노년 등 연령에 따른 획일적인 구분이 별다른 설득력이 없어진 만큼 이제는 치열한 선의의 각축을 통하여 자신의 시, 노래가 더 많이 불리어지며 오래 남도록 노력하는 무한경쟁에 접어들었다. 노태웅 시인이 펴낸 두 권의 시집은 이런 의미에서 자신만의 고유한 시영역과 창작 노하우를 확보하기 위해 밟아야 할 성실한 도정과 그 결실을 보여주고 있다.

추억 여행

노태웅 시집

발 행 일 | 2016년 5월 25일
지 은 이 | 노태웅
발 행 인 | 李憲錫
발 행 처 | 오늘의문학사
출판등록 | 제55호(1993년 6월 23일)
주 소 | 대전광역시 동구 대전로 867번길 52(삼성동 한밭오피스텔 401호)
전화번호 | (042)624-2980
팩시밀리 | (042)628-2983
홈페이지 | http://www.lito77.co.kr(홈페이지)
전자우편 | hs2980@hanmail.net

공 급 처 | 한국출판협동조합
주문전화 | (070)7119-1741~2
팩시밀리 | (031)944-8234~6

ISBN 978-89-5669-752-9
값 9,000원